# OH DIOS, SI RASGARAS LOS CIELOS?

ENTENDER Y CONTENER POR UN... VERDADERO DESPERTAR ESPIRITUAL

SHANE IDLEMAN

EL PASEO PUBLICATIONS

OH DIOS, ¿SI RASGARAS LOS CIELOS?

ENTENDER Y CONTENER POR UN... VERDADERO DESPERTAR ESPIRITUAL

SHANE IDLEMAN

EL PASEO PUBLICATIONS

CONTENIDO

Prefacio
Nota Del Autor Y Recursos Adicionales
1. Oh Dios, Rompe y Abre Los Cielos!
2. Preparando para El Aguacero
3. No Extingas Las Llamas de Avivamiento
4. Si Es Extarño, No Es Necesariamente Dios
5. El Avivamiento Te Costará

Otros Libros de Shane Idleman

Oh Dios, Si Rasgaras Los Cielos? Entender Y Contener Por Un... Verdadero Despertar Espiritual

Copyright © 2021 Shane Idleman

Todos los derechos reservados. Ninguna parte de esta publicación puede ser reproducida o distribuidos en cualquier forma o por cualquier medio o almacenados en una base de datos o recuperación sistema sin permiso previo por escrito del editor y/o autor.

Publicado por El Paseo Publications

Impreso en los Estados Unidos de América

La Escritura está tomada de la Nueva Versión King James®. Copyright © 1982 por Thomas Nelson. Utilizado con permiso. Todos los derechos reservados. Las Escrituras y las citas dentro de las comillas son citas exactas; mientras que, las Escrituras parafraseadas y las citas muchas veces son italiciadas.

Las citas de las Escrituras marcadas (NVI) están tomadas de la Santa Biblia, Nueva Internacional Version®, NIV®. Copyright © 1973, 1978, 1984, 2011 por Biblica, Inc.TM Utilizado con permiso de Zondervan. Todos los derechos son reservados en todo el mundo. www.zondervan.com El "NIV" y "New International Version" son marcas registradas en la Oficina de Patentes y Marcas de los Estados Unidos por Biblica, Inc.TM

Citas de las Escrituras marcadas (NASB) son tomados del New American Standard Bible® (NASB), Copyright © 1960, 1962, 1963, 1968, 1971, 1972, 1973, 1975, 1977, 1995 por la Fundación Lockman. Utilizado con permiso. www.Lockman.org.

ISBN impreso: 9798302566652

Diseño de interiores y edición final por Liz Smith con *InkSmith Editorial Services;* Edición inicial por Christine Ramsey; Diseño de la portada por Lena DeYoung.

PREFACIO

Oh, Que bajarías!

Para que los montes tiemblen ante Tu presencia—

Como el fuego quema madera,

Como el fuego hace que el agua hierva— Para dar a conocer Tu nombre a Tus adversarios,

Para que las naciones tiemblen ante Tu presencia!

Cuando hiciste cosas asombrosas que nosotros no buscábamos,

Tu bajaste,

Las montañas temblaron ante Tu presencia.

Porque desde el principio del mundo los hombres no han oído ni percibido por el oído, Ni ha visto el ojo a ningún Dios fuera de Ti, **Quién actúa por el que espera en Él.**"

ISAÍAS 64:1-4 NKJV (énfasis mío*)*

NOTA DEL AUTOR Y RECURSOS ADICIONALES

No estoy seguro de hasta dónde llegarás en este libro, pero por favor asegúrate de leer la sección final, "Realmente quieres que Dios rasgue los cielos?"

La necesidad de abordar el avivamiento y el papel vital de El Espíritu Santo es tan relevante hoy como lo ha sido en toda la historia de la iglesia. Mi esperanza es que todos nosotros, incluyéndome a mí, humillarnos y encontrar el término medio, el terreno común.

Las palabras avivamiento y despertar espiritual se usan intervariablemente. Históricamente hablando, un avivamiento es cuando Dios revive a su pueblo; mientras que un despertar espiritual es cuando las masas se convierten, pero estas experiencias espirituales siempre se superponen.

También lancé otro libro simultáneamente con este, 40 Días para Reiniciar Su Vida: Aplicando la Sabiduría de Dios para la Renovación Física y Espiritual. Este recurso es para aquellos que desean volver a encarrilarse pero no saben por dónde empezar: consulte la sección "Otros libros de Shane Idleman" para obtener más información.

1
OH DIOS, ROMPE Y ABRE LOS CIELOS!

El 24 de Abril del 2021, un submarino Indonesio se hundió en el sur del Océano Pacífico. La noticia informó que la tripulación pudo haberse quedado sin oxígeno y se hundió rápidamente por debajo de la profundidad del aplastamiento. —La presión en el exterior era mayor que la fuerza en el interior. Se cree que cayó rápidamente debido a una fuga interna.

Esto es paralelo a lo que está sucediendo en Estados Unidos hoy en día a medida que las olas de confusión y caos superan a las masas. Muchos están siendo aplastados por las presiones externas de la vida porque la fuerza en el interior (su relación con Dios) no es mayor que la presión en el exterior.

Como escribí recientemente, " El cáncer de etapa cuatro de America ha hecho metástasis a la familia y a la iglesia. Estamos más depravados que nunca" Y en un segundo artículo, me lamenté, "America cruzó una línea peligrosa hace años. En lugar de arrepentirnos y volvernos a Dios, hemos caminado más hacia las aguas profundas de la impiedad. La decadencia y la brutalidad en nuestras calles no tienen paralelo en nuestra historia a medida que la desesperación y la depresión superan nuestra tierra. Pero, lo creas o no, yo tengo esperanzas.."

¿Cómo puedo tener esperanza en medio de tal oscuridad y depravación? Porque Dios es soberano y controla los asuntos de los hombres. El muchas veces revive a su pueblo en momentos muy oscuros de la historia. Antes de que estallara un despertar en Gales en 1904, por ejemplo, un observador anoto: "Es siempre la hora más oscura antes del amanecer. El desmoronamiento de la fe religiosa, la muerte de las Iglesias, el ateísmo de los acomodados, la brutalidad de las cantidades, todos estos, cuando en el peor de los casos, anuncian el acercamiento del avivamiento"

¿No vemos indicadores similares hoy: iglesias muertas, la decadencia de la religión, el surgimiento de la rebelión y la brutalidad? ¡No te rindas! En su lugar, prepara el suelo de tu corazón para que Dios pueda rasgar los cielos y liberar un aguacero espiritual.

Él Escucha los Llantos de Sus Hijos

Isaías 64:1 indica que la desesperación, junto con el arrepentimiento y la humildad, captan la atención de Dios: "¡Oh, si rasgaras los cielos! ¡Que tú bajarías! para que los montes tiemblen ante tu presencia". Desgarrar- en ingles la palabra Rend significa estallar, soplar, explotar. Qué verso tan impresionante acerca de un Dios maravilloso. Como cualquier padre, Él escucha los llantos de Sus hijos mientras claman: "Oh Dios, ¿podrias romper y abrir el cielo y descenderías y nos ayudarías? Estamos perdidos sin ti."

Sí, Dios está en todas partes—lo que los teólogos llaman omnipresencia. Entonces, ¿cómo puede Dios descender si Él ya está aquí? El profeta está suplicando por más de la presencia de Dios y por el poder abrumador del Espíritu que vendrá sobre nosotros.

Hay momentos en que Dios parece distante, los corazones se sienten secos y el mal es alabado en toda la tierra. Pero cuando Dios desciende (literalmente, sobre Su pueblo), experimentamos el gozo de Su presencia - el mal es volcado porque los hombres y mujeres orantes lo buscan como nunca antes.

Como los veteranos solían decir: "Dios escuchó nuestros llantos y apareció hoy". Esto es avivamiento. ¡Este es Dios bajando! Sería para Dios que las naciones temblaran de nuevo ante Su presencia (Isaías 64:1-2).

¿Quién Puede Detener A Dios Todopoderoso?

Piensa por un momento: ¿Quién puede detener a Dios todopoderoso? Como Josué y Caleb, también nosotros podemos decir: "Podemos tomar la tierra" (véase Números 13:30). Como David, nosotros también podemos gritar: "¿Quién es este enemigo que se atreve a venir contra el Dios vivo?" (ver 1 Samuel 17:26).Y como los tres hombres hebreos en el fuego, también podemos declarar: "Mi Dios me librará, pero aunque no lo haga, no me inclinaré ante ti" (véase Daniel 3:17-18). Y como Elías que dijo a 850 falsos profetas que Dios respondería por fuego, nosotros también podemos estar seguros de la victoria (ver 1 Reyes 18:24). ¡Dios más uno es la mayoría!

¿Qué entidad puede arruinar sus planes? ¿Qué líder puede dominarlo? ¿Qué gobierno puede anularlo? ¿Qué ejército puede derrotarlo? "¿Qué, pues, diremos a estas cosas? Si Dios está por nosotros, ¿quién puede estar contra nosotros?" (Romanos 8:31). Isaías dijo que "incluso las montañas tiemblan y tiemblan en su presencia". Sin duda tenía en mente Éxodo 19 cuando escribió esas palabras. El monte Sinaí estaba cubierto de humo cuando el fuego del Señor descendió sobre él. Toda la montaña tembló violentamente.

Dios muchas veces sacude lo físico para que respondamos en lo espiritual. ¿estas sacudido hoy? ¿Nuestra nación está siendo sacudida? ¿Ves la calamidad, la decadencia y la perversión a tu alrededor? Si es así, ¿por qué hay tantos "Cris-tianos" estancados, inactivos y sin vida? ¿Por qué no están organizando reuniones de oración y noches de adoración? ¿Por qué las iglesias no están llenas y agregan más servicios para acomodar el hambre espiritual del pueblo de Dios?

La necesidad de desgarrar los cielos nunca ha sido mayor.

Nunca Lo Dejes Ir Cuando Dios Aparezca

¿Realmente creemos que todo este mal simplemente se revertirá? No, solo va a empeorar a menos que el pueblo de Dios derribe el cielo. Es hora de afligir a los cómodos y consolar a los afligidos. Debemos gritar: "Oh Dios, ¿pudieras abrir el cielo y bajar?" Debemos esperar en Dios y buscarlo como nunca antes, porque Él "actúa por el que le espera" (Isaías 64:4).

Este tipo de espera, espera que algo suceda y espera pacientemente. Cuando esperamos, la ira no nos influ-ye, la impaciencia no nos impulsa, el impulso no nos descarrila y el miedo no nos detiene. Los discípulos oraron en el aposento alto hasta que el cielo se abrió y el Espíritu descendió. La llenura del Espíritu Santo los cambió para siempre. Tenían hambre de más de Dios. ¿Puedes decir lo mismo?

Hace muchos años, a un hombre muy viejo que experimentó un avivamiento cuando era más joven se le preguntó por qué terminó el avivamiento. Sus ojos se llenaron de fuego santo cuando gritó con llanto: "¡Cuando te aferres a Dios, nunca, nunca, nunca lo dejes ir!" Que esto sea una advertencia, así como un recordatorio para nunca dejarlo.

Cuando naciste de nuevo, tenías este fuego, ¿verdad? Y entonces la vida sucedió. La oración y la lectura de la Palabra gradualmente se convirtieron en una idea de último momento. Sin embargo, el avivamiento a nivel nacional comienza con el avivamiento personal: los creyentes uno por uno comienzan a buscar a Dios nuevamente, y en poco tiempo, hay avivamientos familiares y luego avivamientos en toda la iglesia y luego avivamientos en la comunidad. Sí, puede suceder, pero las semillas deben ser plantadas por miembros individuales del cuerpo. En otras palabras, comienza contigo.

¿Estamos dando la bienvenida a este tipo de derramamiento en nuestras iglesias y posicionándonos para un derramamiento del Espíritu de Dios, o lo estamos extinguiendo debido al orgullo, el pecado, la duda y la incredulidad? Es hora de romper nuestro barbecho y buscar al Señor mientras Él todavía pueda ser encontrado (Oseas 10:12). Nosotros proveemos el sacrificio; Él provee el fuego.

2
PREPARANDO PARA EL AGUACERO

"Porque así dice el Alto y Sublime, El quien habita la eternidad, cuyo nombre es Santo: "Yo habito en el lugar alto y santo, con el que tiene un espíritu contrito y humilde, Para revivir el espíritu de los humildes, Y para revivir el corazón de los quebrantados". — Isaías 57:15

En ESTE PASAJE ASOMBROSO del libro de Isaías, está claro que si preparamos el sacrificio de un corazón quebrantado y contrito, Dios traerá los fuegos del avivamiento. Es un gran recordatorio de que Su palabra siempre se cumple.

Desde Isaías 57, también vemos que la santidad juega un papel en ser revivida. La santidad es desear lo que Dios desea. Dios es amor, pero su nombre es santo. Él es referido como El Espíritu Santo de Israel más de treinta veces en la Biblia. Habian momentos en que la iglesia temblaba ante Su palabra y caminó en santidad. Esos fueron, y todavía pueden ser tiempos gloriosos. Dios permanece con aquellos que tienen un espíritu humilde, y la santidad muchas veces es una marca de humildad.

Para ser claro, la santidad implica la salvación, así como la santificación. La única manera de ser declarado santo ante Dios es arrepentirse de su pecado y confesar a Cristo como su Salvador: "Si confiesas con tu boca al Señor Jesús y crees en tu corazón que Dios lo ha resucitado de entre los muertos, serás salvo" (Romanos 10:9).

A partir de ahí, estamos llamados a vivir vidas santas que honran a Dios. Nuestras decisiones siguientes alimentaran los fuegos del avivamiento o apagaran el Espíritu - o nos regocijamos en Dios y caminamos en Su Palabra o entristecemos al Espíritu al desobedecer. La decisión es nuestra.

Cinco Maneras De Mantener El Fuego Encendido

Según las Escrituras, hay cinco principios espirituales que provocan un despertar espiritual y lo mantienen en marcha. La oración y el ayuno encienden el fuego, pero las siguientes verdades bíblicas avivan las llamas:

1. **Embarca el dolor piadoso.** 2 Corintios 7:10 dice que el dolor piadoso, junto con el arrepentimiento, conduce a la salvación. Pero también conduce al quebrantamiento y la dependencia de Dios. ¿Cuándo fue la última vez que lloraste por la condición de la nación, así como la condición de tu corazón? El quebrantamiento rompe el barbecho del corazón para "romper todos tus malos hábitos; limpiar tus corazones de malezas, para que sean preparados para la semilla de la virtud".
2. **Vuelve a comprometer tu vida con Dios.** Zacarías 1:3 dice: "Así dice el SEÑOR de los ejércitos: 'Vuelvan a mí', dice el SEÑOR de los ejércitos, 'y yo me volveré a vosotros'." Una vez que tu enfoque está de vuelta en Dios, Él comienza a trabajar en y a través de ti.
3. **Restaura lo que puedas.** El arrepentimiento genuino siempre conduce a la restauración. Ya sea buscando el perdón o reparando relaciones rotas, nunca puedes equivocarte haciendo las cosas bien. En Isaías 58, incluso su ayuno fue ineficaz porque eran duros y se enfocaban en sí mismos. El orgullo nunca marca el comienzo de un despertar espiritual. Un corazón crítico necesita ser aplastado bajo el poder de la cruz.
4. **La santidad no es una sugerencia.** 2 Corintios 7:1 dice que debemos purificarnos de todo lo que contiene nuestro espíritu. Romanos 12:1 nos recuerda presentar nuestros cuerpos a

Dios como sacrificios vivos, santos y agradables a Él. Sin santidad, nadie verá avivamiento.
5. **Debe haber hambre continua y sed de Dios.** Mateo 5:6 nos dice que solo aquellos que tienen hambre y sed de justicia serán saciados. Buscarlo continuamente no es opcional; es esencial para los despertares espirituales. Al estudiar avivamientos pasados, muchos de los cuales fueron años o décadas en la fabricación, he encontrado que todos comenzaron después de una búsqueda consistente y persistente. El calor del avivamiento nunca llega de una configuración de microondas.

Responde al Llamado de Regresar

2 Crónicas 16:9 dice: "Los ojos del SEÑOR corren de aquí para allá por toda la tierra, para mostrarse fuerte en nombre de aquellos cuyo corazón le es leal". ¿Te encontrará buscándolo o corriendo en la otra dirección? Nada es más doloroso que ver a un incrédulo en el camino ancho hacia la destrucción o a un creyente huyendo de Dios. Regresa a Él hoy, y experimenta las llamas del avivamiento.

Su llamado es al pródigo: "Volveos a mí, y yo me volveré a vosotros" (Malaquías 3:7).

Su llamado es a los exhaustos: "Venid a mí, todos los que estáis trabajados y cargados, y yo os haré descansar" (Mateo 11:28).

Su llamado es a los temerosos - "La paz de Dios, que sobrepasa todo entendimiento, guardará vuestros corazones y mentes por medio de Cristo Jesús" (Filipenses 4:7).

Su llamado es a los estériles: "El que cree en mí, como dice la Escritura, de su corazón brotarán ríos de agua viva" (Juan 7:38).

Su llamado es a los quebrantados: "Ataré a los quebrantados" (Ezequiel 34:16).

Su llamado es a los enfermos: "Fortaleceré a los enfermos" (Ezequiel 34:16).

Su llamado es a los perdidos: "Buscaré lo que se perdió y haré volver lo que fue expulsado" (Ezequiel 34:16).

Incluso si no estás donde te gustaría estar, el amor y la misericordia de Dios te están llamando continuamente a Él.

3
NO EXTINGAS LAS LLAMAS DE AVIVAMIENTO

> Yo os bautizo con agua para arrepentimiento, pero El que viene después de mí es más poderoso que yo, cuyas sandalias no soy digno de llevar. Él te bautizará con el Espíritu Santo y fuego. — Mateo 3:11

TENDO SER "CUIDADOSAMENTE CONSERVATIVO". Utilizo la Biblia de estudio de MacArthur, leo los sermones de Spurgeon y disfruto de los comentarios de los puritanos. La mayoría me ve como tranquilo y recogido. Mi padre era un hombre extremadamente trabajador que creció en una granja en Oklahoma. Como resultado, me crié en un ambiente difícil donde no se permitía llorar y rara vez se mostraba emoción, excepto enojo.

En mi juventud, me burlé de aquellos que genuinamente adoraban a Dios. Claro, me emocionaría mientras miraba la NFL o los nocauts de una ronda de Mike Tyson. ¿Pero en la iglesia? De ninguna manera. Yo creía que era fuerte porque podía acer press de banca más de cuatrocientas libras, beber un paquete de doce cerveza y ganar la mayoría de las peleas en las que estaba. No tenía el control de mi vida, mi vida tenía el control de mí.

Algún tiempo después, comencé a hojear las páginas de mi Biblia. Me di cuenta de lo lejos que me había alejado de la verdad. Por la gracia de Dios, puse mi completa confianza en Cristo. La alegría, la felicidad y la paz llenaron mi corazón. De ahí vinieron libros, charlas, programas de radio, artículos y por último una iglesia. Dios tomó a un niño de un pueblo pequeño con problemas de aprendizaje y hablar (apenas graduándose de la escuela secundaria con un GPA de 1.8) y lo llenó con Su Espíritu. Más de dos décadas después, todavía recuerdo ese día especial.

Aunque hay muchas veces cuando oro y adoro incluso cuando no tengo ganas, he recibido muchos rellenos subsecuente del Espíritu desde ese día. Ya sea cuando estoy predicando un sermón o durante un devocional temprano en la mañana, ríos de agua de vida muchas veces se vierten en mi alma. El denuedo se levanta, y el celo por la casa de Dios me consume (Salmo 69:9). Cuando agrego ayuno a la ecuación, mi alma tiene hambre aún más de Dios.

Mi objetivo en este folleto es avivar las llamas del avivamiento en su alma también. Una vez más, si usted provee el sacrificio de un corazón quebrantado y contrito, Dios proveerá el fuego. Puedes estar seguro de ello.

Nos Burlamos De Lo Que Nunca Hemos Experimentado.

He estado desanimado a lo largo de los años cuando las personas se trivializan y se burlan de las experiencias profundas y genuinas que otros han tenido con Dios. Sin saberlo, están extinguiendo el fuego del Espíritu que necesitan desesperadamente.

E. M. Bounds, Famoso por sus libros sobre oración, una vez escribió sobre un cristiano devoto llamado Edward Payson. Payson alimentó los fuegos del avivamiento durante el Segundo Gran Despertar a través de su persistente intimidad con Dios. Se decía que creo surcos en su piso de madera como resultado de sus muchas horas y horas de oración. Encontré esta historia profundamente inspiradora, pero un famoso maestro de la Biblia en realidad dijo que no podía comprender ese tipo de comportamiento.

Cómo alguien puede burlarse de eso está más allá de mí. Cuando leí la historia de Edward Payson, sentí todo lo contrario. En lugar de ser incapaz de comprender su comportamiento, me inspiré en él y oré: "Señor, por favor trae un derramamiento de Tu Espíritu a mi alma seca y estéril. Oh Dios, ¿me revivirías de nuevo para que pueda regocijarme en Ti?"

Orar fervientemente para experimentar el poder de Dios como lo hizo Payson no es infrecuente. Tanto los primeros creyentes como los cristianos perseguidos de hoy se sorprenderían de lo poco que realmente oramos. Se dijo de John Hyde, quien se fue al campo misionero en 1892, que permanecería en su rostro ante Dios hasta que llegara la respuesta. John Welch, el gran predicador escocés que murió en 1622, a veces pasaba de cuatro a seis horas en oración. John Fletcher, uno de los líderes del movimiento Metodista, mancho las paredes de su habitación con el aliento de sus oraciones hasta que murió en 1785.

¿Qué causa que las personas ridiculicen momentos profundos de oración y adoración? Mi evaluación es celos. Se burlan de lo que nunca han experimentado: el poder abrumador y la presencia del Espíritu. Tristemente, el orgullo espiritual a muchas veces sigue a los expertos en la Palabra porque "el conocimiento se envanece" (1 Corintios 8:1). Como resultado, el orgullo espiritual hace que descarten las experiencias de los demás.

Cuando se les confronta por su falta de fuego del Espíritu Santo, muchas veces se defienden con ira: "¡Pero estoy defendiendo la verdad! ¡Doctrina! ¡Doctrina! ¡Doctrina!" Aunque amo la teología y la defiendo diariamente, también debemos recordar que fuimos creados para experimentar a Dios. Si más hombres y mujeres lo buscaran con todo su corazón y alma (según la verdad), America podría experimentar otro avivamiento profundo.

Recto como un Barril de Armas, pero Igual de Vacío

Hace varios años, yo estaba en una conferencia de un gran pastor conservador en el sur de California. La mayoría de los que estaban presentes eran cesacionistas, así que me sorprendió cuando un hombre que escapó de la persecución en China contó cómo el Espíritu Santo lo había impulsado a tomar otra ruta en su bicicleta. Apenas escapó de ser atrapado por la policía. Todos aplaudimos y agradecimos a Dios por su guía. Pero si un hombre de fuera de su círculo hubiera dado el mismo testimonio, Muchos habrían dicho que fue engañado y "escuchó voces", que Dios no trabaja de esa manera hoy. ¿Confundido? Yo también.

No malinterpretes. Necesitamos una sana doctrina. Nuestro lema en Westside Christian Fellowship es "Tiempos cambian, la verdad no", pero también necesitamos desesperadamente el poder del Espíritu. Es posible ser "enseñado por la Biblia", pero no "dirigido por el Espíritu", recto como un cañón de pistola teológicamente pero igual de vacío. "La letra mata, pero el Espíritu da vida" (2 Corintios 3:6). Experimentar a Dios no invalida la teología; la confirma.

Muchos pastores pasan incontables horas preparando sermones, comprando miles de dólares en programas de sermones y comprando miríadas de comentarios y diccionarios, pero la mayor preparación está en el armario de oración. Antes de que Dios use a un hombre grandemente, Él lo humilla profundamente.

Si evitas la adoración emocional, la oración extendida, los momentos en el altar y el ayuno para la renovación espiritual, entonces no estás corriendo en los ocho cilindros espirituales. Todas estas cosas son marcas de cristianos a través de los siglos. Como Charles Spurgeon dijo una vez: "Nadie puede hacer tanto daño a la iglesia de Dios como el hombre que está dentro de sus muros, pero no dentro de su vida". ¿Estás vivo espiritualmente? ¿Tienes hambre de más de la presencia de Dios? ¿O eres divisivo y combativo sobre este tema del poder del Espíritu? Lamentablemente, las divisiones de la iglesia que he presenciado (o pequeños grupos de personas que se van) fueron principalmente sobre este tema: conservadores rígidos en desacuerdo con aquellos que querían presionar y experiensar a Dios. Cómo debe haber afligido el corazón de Dios.

Un Bautismo de Fuego

¿Cómo es que tantos pastores recomiendan el fantástico libro de Martyn Lloyd-Jones Predicando y Predicadores, pero convemente evitan el último capítulo, "Demostración del Espíritu y del Poder"? ¿Se avergüenzan de que él condujo este punto a casa en el párrafo inicial que lee: "He guardado y reservado esta última lectura, lo que después de todo es lo más esencial en relación con la predicación, y esa es la unción y la unción del Espíritu Santo"?

¿Has recibido esta unción, este bautismo de fuego del que Juan habló en Mateo 3:11? ¿Estás realmente desesperado por más de Dios? A. W. Tozer dijo perspicazmente: "Si el pueblo del Señor estuviera la mitad de ansioso por ser lleno del Espíritu que por probar que no pueden ser llenados, la iglesia estuviera llena de gente". Creo sinceramente que la mayor necesidad en la iglesia hoy es confesar nuestros pecados, obedecer la Palabra y ser llenos del Espíritu.

Dios Puso una Ronda en Oswald Chambers

Oswald Chambers, con respecto al tiempo antes de recibir un poderoso derramamiento del Espíritu, admitió: "Dios me usó durante esos años... pero no tuve comunión consciente con Él. La Biblia era el libro más aburrido y poco interesante que existía." Oswald era recto como un cañón de pistola, pero igual de vacío.

Unos años más tarde escribió: "Si los cuatro años anteriores habían sido el infierno en la tierra, estos cinco años realmente han sido el cielo en la tierra. Gloria a Dios, el último abismo doloroso del corazón humano está lleno hasta rebalso del amor de Dios". Dios puso una ronda en Oswald y apretó el gatillo. El cielo desrago; el aguacero llegó a su alma reseca.

Ahora, la decisión es tuya. No extingas las llamas del avivamiento burlándote de la obra del Espíritu. Entrega plenamente tu vida a Él hoy. La historia Cristiana registra innumerables testimonios de aquellos que recibieron una poderosa llenura del Espíritu años después de la conversión. El Espíritu Santo en (en) usted no es lo mismo que el Espíritu Santo sobre (epi) usted. Estas preposiciones de Grecia hacen un mundo de diferencia.

Dos de mis libros favoritos sobre este tema son Experi-encias Más Profundas de Famosos Christianos de James Gilchrist Lawson y Ellos Encontraron el Secreto de Edman V. Raymond. Mi artículo "El talón de Aquiles de Estados Unidos: sermones impotentes e iglesias sin oración" también habla de este importante tema.

No Esposés Mis Emociones

Lamentablemente, muchos conservadores también castigan la adoración emocional y extendida, y la evitan como una plaga. Para ellos, el ayuno está desactualizado, la adoración prolongada es lavado del cerebro, y llorar en el altar es demasiado emocional. ¿Está mal cuando los pródigos vuelven a casa y no pueden contener sus emociones? ¿Deberíamos avergonzarnos cuando los adictos lloran porque el Salvador los liberó en el altar? ¿Cuándo fue la última vez que lloraste por la condición de nuestras iglesias, familias y nación? Si nunca lo has hecho, entonces llena el espacio en vacío.

Permítanme ser brutalmente honesto: muchos que muestran desprecio por experiencias profundamente profundas y conmovedoras con Dios nunca las han experimentado por sí mismos. Si evitan las reuniones de oración, se quejan de la adoración extendidas y emocional, nunca se pierden una comida para Dios, no se ven afectados por la depravación que los rodea y son demasiado maduros para ir al altar, ¿están estas personas realmente llenas del Espíritu de Dios? Les encanta leer la Biblia, pero no quieren que la Biblia los lea. Por supuesto, hay tiempos en las que no estamos involucrados en muchas cosas, pero las excusas no deben ocultar nuestra falta de hambre por Dios.

¿Realmente creemos que Jesús nos diría que nos sentemos y nos quedemos callados durante la adoración? ¿Quiere que estemos de pie como hombres muertos en un cementerio? ¡Ni una chance! Nuestros corazones deben estar profundamente comprometidos durante la adoración. Jesús puede reprender las tendencias tontas y las canciones de adoración tontuelos sin alumbramiento teológicos, pero ¿esposaría El nuestras emociones? No creo. Por supuesto, no estoy hablando de volverme emocional por el bien de las emociones - no podemos fingir un movimiento del Espíritu. Pero debe haber un anhelo y un deseo de adorar a Dios reflejado en nuestras acciones. Si no está de acuerdo, sería difícil encontrar cualquier Escritura para apoyar su punto de vista.

Cómo Prevenir la Decepción

Las emociones pueden ser engañosas, por lo que debemos tener cuidado (más sobre esto más adelante). George D. Watson señala: "Los verdaderos santos de Dios en todas las generaciones ha tenido que caminar entre los dos extremos de la fría formalidad por un lado, y el fanatismo salvaje y despotricante por el otro. La formalidad muerta y el falso fuego del fanatismo son las falsificaciones de Satanás, y no le importa en qué extremo se sumerge el alma.

Sobre este punto, D. Martyn Lloyd-Jones nos recuerda que "nunca debemos interpretar las Escrituras a la luz de nuestras experiencias, sino más bien interpretar nuestras experiencias en la luz penetrante de las Escrituras". Podemos prevenir Engaño haciendo de la verdad el motor del tren y las emociones el caboose. Las emociones no lideran; siguen. Pero cuando el Espíritu de Dios se mueve verdaderamente, nuestras emociones se comprometerán. Un ejemplo de esto se ilustra en la vida de Griffith Jones, quien predicó durante los avivamientos del siglo dieciocho: "Las lágrimas [de la congregación] comenzaron a fluir en arroyos por sus mejillas. Pronto lloraron abiertamente y gritaron: "¿Qué haremos para ser salvos?"

Cuando nuestra experiencia se alinea con las Escrituras, las emociones que siguen pueden ser buenas y dadas por Dios. Estamos en buena compañía - la compañía de Dios.

No Me Confundas con los Hechos

Durante el comienzo del bloqueo en 2020, justo antes de que reabrimos nuestra iglesia en California (al igual que los pastores Jack Hibbs, Rob McCoy y John MacArthur y sus iglesias), prediqué una serie sobre el avivamiento genuino. Algunas personas expresaron su preocupación por un líder de adoración invitado que dirigió la adoración a través de un video. Hice a los que tenían preocupaciones cuatro preguntas:

1.¿Los servicios honraban a Dios? 2.¿Las letras eran teológicamente sólidas? 3.¿Fueron los mensajes bíblicamente exactos? 4.¿Podría haber fruta abundante?

No es sorprendente que nadie respondiera a mis preguntas.

Proverbios 18:13 me recordó que me acercara a este líder de adoración "controvertido" antes de formar un juicio: "Una persona tonta responde a un asunto antes de escuchar a ambos lados" (mi paráfrasis). Una vez más, no inesperadamente, ninguno de los críticos se disculpó después de que la entrevista reveló que el 99 por ciento de la información sobre ella no era cierta. Aparentemente, todos ellos ya habían tomado una decisión, y no querían ser confrontados con los hechos.

Por supuesto, comparto muchas de sus preocupaciones sobre algunas de las iglesias "raras" que existen, pero trato de sacar mis conclusiones yendo directamente a la persona en cuestión (cuando sea posible). Cualquiera puede manipular imágenes y citar cosas fuera de contexto.

Vergüenza en la Habitacion Superior

Aunque me considero un conservador, a veces me pregunto cómo tantos conservadores pueden citar a personas como George Whitefield y Jonathan Edwards, pero convenientemente evitan los movimientos poderosos y poco comunes del Espíritu que ocurrieron bajo su predicación. ¿Es porque estas cosas no encajan dentro de su marco teológico?

Aunque muchas experiencias poderosas durante estos despertares espirituales son paralelas a los libros de Hechos, muchos críticos todavía se niegan a aceptarlos. Evitan palabras y frases como avivamiento, movimientos del Espíritu y la vida más profunda, pero estos temas se usan en toda la Biblia. ¿Cuántas veces dijo Dios que "derramaría su Espíritu"? ¿Cuántas veces el clamor del pueblo de Dios se centró en el avivamiento: "No nos revivirás de nuevo, para que tu pueblo se regocije en ti"? (Salmo 85:6). ¿Y no es buscar a Dios con todo nuestro corazón parte de la vida más profunda? Absolutamente. El agua viva de la que Jesús habló no está muerta y estancada.

¿Por qué temeríamos encontrar a Dios de maneras poderosas y profundas? Ser estoico y rígido está bien para un cementerio, pero no para un servicio de adoración dinámico. Me pregunto si este tipo de personas se avergonzarían si estuvieran en la habitacion superior cuando el Espíritu Santo vino sobre los discípulos en ese día histórico en Hechos 2? Creo que lo harían.

Todo Debe Hacerse en Orden

Si un jugador de fútbol americano puede viajar cien yardas a través de un campo de fútbol y millones se emocionan, ¿no deberían los cristianos salvados por el poder de Dios emocionarse cuando lo experimentan? Tristemente, 1 Corintios 14:40 se usa a veces como un extintor de incendios para apagar rápidamente cualquier cosa fuera de lo común: "Que todas las cosas [en la iglesia] se hagan decentemente y en orden".

A veces me acusan de ser "demasiado conservativo" porque quiero honrar este versículo. Creo que un ambiente de "circo" no es saludable o beneficioso, pero también creo que un cementerio puede ser igual de dañino y condenatorio. Cuando los hombres pecadores se encuentran con un Dios santo, a veces es controversial. Necesitamos pastores que puedan administrar la llama del avivamiento, no apagarla.

Nunca olvidaré hace muchos años cuando un hombre encontró su camino al altar durante la adoración de cierre. Estaba llorando y clamando a Dios. Estaba un poco nervioso preguntándome qué pensaba la gente. Mientras oraba, su amigo se acercó y dijo que el hombre en el altar acababa de encontrar a su hijo colgado en el garaje, el suicidio le había quitado la vida. Inmediatamente me dirigí al altar y lloré con él. Estaba inundado de tanta emoción que ni siquiera podía orar. Dios me quebró ese día.

Otro momento en que el servicio no salió como se esperaba fue cuando estaba hablando en la iglesia de un amigo. El poder de Dios era tan evidente que apenas podía superar mi mensaje sin romperlo. Cuando terminó el servicio, nadie se fue. Hubo un silencio santo cuando se escucharon lágrimas en todo el santuario. El primer servicio se topó con el segundo servicio (esto sucede en ocasiones en la iglesia que yo también dirijo). El estacionamiento era un desastre, pero era un hermoso problema. A veces estamos más preocupados por el estacionamiento que por la gente.

George Whitefield, una vez perplejo por las cosas emocionales que ocurrían cuando predicaba, le pidió a Lady Hunt-ingdon consejos para contenerlo. Ella dijo: "Oh George, déjalos en paz. Lo que están experimentando de Dios hará mucho más de lo que estás predicando".

Tendrías una mejor oportunidad de represar las Cataratas del Niágara que contener un movimiento de Dios.

Audaz pero No Extraño

Para ser claro, no estoy validando un comportamiento extraño. El hecho de que algo sea extraño no significa que sea de Dios. En mis lecturas de carismáticos y calvinistas, pentecostales y puri-tans, e innumerables biografías de líderes como Martin Luther, John Knox y Robert Murray M'Cheyne, me queda claro que estos líderes nunca fomentan la histeria o la rareza absoluta que a veces vemos hoy. El fruto del Espíritu no es rareza; es audacia. No promueve la histeria; promueve la santidad.

Por supuesto, hubo momentos de fuerte convicción, como cuando las personas se aferraban a los árboles porque temían caer al infierno durante el famoso sermón de Jonathan Edwards "Pecadores en las manos de un Dios enojado". Y la gente clamó a Dios y cayó al suelo bajo la fuerte convicción del pecado durante los avivamientos de George Whitefield y John Wesley, pero esto se debe a que el pecado, la justicia y la santidad fueron predicados. El apóstol Pablo escribió que si una persona incrédula o desinformada entraba en una reunión donde el Espíritu Santo se movía, experimentaría convicción, y "cayendo sobre su rostro, adorará a Dios e informará que Dios está verdaderamente entre ustedes" (1 Corintios 14:25). El verdadero avivamiento es emocional e impredecible.

Una vez más, no malinterpreto lo que estoy diciendo: la teología es vital, pero los estudiantes de teología también son alentados a ayunar y rezar y estudiar? ¿Con qué frecuencia se les enseña el quebrantamiento y el arrepentimiento además de traducir el idioma de Grecia? ¿Con qué frecuencia se les enseña la vida entregada? A veces podemos estar más preocupados por una maestría que por un título del Maestro.

El Dios Olvidado

El Espíritu Santo inspiró las Escrituras y empodero a Jesús y a los apóstoles. Somos desesperadamente negligentes si no reconocemos Su papel vital en nuestras vidas. Estoy de acuerdo con Leonard Ravenhill, quien dijo: "Necesitamos cerrar cada iglesia en la tierra por un domingo y dejar de escuchar a un hombre para que podamos escuchar el gemido del Espíritu que en nuestras bancas exuberantes hemos olvidado".

¿Eres realmente un amante de su presencia? ¿O has sido culpable de burlarte de la obra del Espíritu? Tómate tiempo ahora y humíllate ante Dios. Creo que un despertar espiritual genuino puede tener lugar. Dios rasgará los cielos y te llenará con Su Espíritu.

4
SI ES EXTRAÑO, NO ES NECESARIAMENTE DIOS

Amados, no creáis a todo espíritu, sino probad a los espíritus, si son de Dios; porque muchos falsos profetas han salido al mundo. - 1 Juan 4:1

LOS CHRISTIANOS PUEDEN ALCANZAR uno de dos extremos concernientes a la palabra avivamiento. En un extremo están aquellos que abarcan el emocionalismo puro y la histeria - "Si es extraño, es Dios" - y todo comportamiento extraño es excusado. El otro extremo, que acabo de abordar, esta ausente de una vida espiritual viva y vibrante. La iglesia se siente muerta, fría y sin vida. Hablar de revivir las cosas de Dios (avivamiento) es descartado o ridiculizado. Ambos extremos pueden impedir la obra del Espíritu Santo y el crecimiento cristiano genuino.

En esta sección, abordaré principalmente el primer extremo de la histeria y el emocionalismo puro. He visto videos de personas supuestamente "endrogandose", "fumando" y "borrachas" en el Espíritu Santo. Esto no es lo mismo que ser "lleno del Espíritu" (Efesios 5:18).

También he visto imágenes de video de personas pretendiendo ser como perros con correa y actuando como animales. Sí, soy serio - las manifestaciones extrañas y groseramente antibíblicas no reflejan una llena del Espíritu. Aquellos verdaderamente llenos del Espíritu reflejan la personalidad y la naturaleza de Dios.

Sé Que Parece Extraño, pero...

Cuando las personas son interrogadas sobre los extremos en este tipo de comportamiento extraño, no pueden dar ninguna respuesta con la Sagrada Escritura. Las respuestas comunes son "Sé que parece extraño, pero"... o "Sé que es raro, pero"... o "Estás apagando y afligido al Espíritu al no estar bíblicamente abierto". Estas sólidas no son respuestas a manifestaciones tan extrañas. El Espíritu Santo no se apaga cuando honramos la Palabra de Dios y "probamos los espíritus, ya sean de Dios" (1 Juan 4:1). Él es apagado y afligido cuando no probamos y discernimos - cuando permitimos que el Espíritu Santo sea mal representado.

El apóstol Pablo dijo que debemos juzgar, o discernir, todas las cosas (1 Corintios 2:15). Alguien verdaderamente lleno del Espíritu, aunque audaz, no es extraño. Tristemente, aveces la Escritura es usada para el intento de apoyar un comportamiento muy extraño. Por ejemplo, Hechos 2:15 dice: "Porque éstos no están borrachos, como supones, ya que es solo la tercera hora del día", y Juan 18:6 registra que los hombres "retrocedieron y cayeron al suelo" cuando Jesús se entregó poco antes su muerte. Estas Escrituras cuando se usan para validar el fanatismo salvaje y despotricante son incorrectas y engañosas. Por supuesto, no podemos descartar las obras verdaderamente milagrosas de Dios que suceden diariamente, ni podemos minimizar el increíble poder de Dios para cambiar radicalmente vidas a través del poder del Espíritu. Sin embargo, en nuestro celo y emoción, a muchas veces mini-mizamos la necesidad de discernimiento.

Sincero Pero Equivocado

Una persona con discernimiento considera experiencias sobrenaturales a la luz de la Palabra de Dios, Su naturaleza y Su carácter. Ellos preguntan: "¿Hay fruto genuino?" En otras palabras, ¿la experiencia se alinea con la Palabra de Dios? ¿Está presente el fruto del Espíritu que se encuentra en Gálatas 5:22-23: amor, gozo, paz, longanimidad, bondad, Espíritu fidelidad, mansedumbre y autocontrol? Una experiencia verdadera y genuina con el Santo producirá fruto piadoso y obediencia a Dios. Busca promover aquellas cosas que son puras y justas.

Una palabra de precaución aquí. Incluso aquellos en el movimiento de la Nueva Era experimentan poderosos sentimientos de amor y euforia, pero no los acerca a Cristo ni los lleva a el arrepentimiento o a la entrega al verdadero Dios. Aunque sinceros, podemos estar sinceramente equivocados y seriamente engañados. Tener una experiencia o estar iluminado puede crear emociones de "sentirse bien", pero no significa necesariamente que sea de Dios.

Aunque hay flexibilidad y libertad, nuestras experiencias deben alinearse con las Escrituras y el carácter de Dios. Como dijo Lloyd-Jones: "No debemos interpretar las Escrituras a en luz de nuestras experiencias, sino más bien, interpretar nuestras experiencias en la luz penetrante de la Escritura".

No Toques A Mis Ungidos

Los sentimientos pueden ser buenos y dados por Dios; sin embargo, no podemos olvidar las palabras del profeta Jeremías: "El corazón es engañoso sobre todas las cosas, y desesperadamente malvado; ¿quién puede saberlo?" (17:9). Las experiencias profundamente conmovedoras despiertan emociones, y pueden "sentirse" bien, pero las emociones son principalmente un vehículo para la expresión, no un indicador de la verdad.

Lamentablemente, algunos de los comportamientos perturbadores mencionados anteriormente han sido excusados, y algunos de los líderes de estos movimientos rara vez son desafiados. Pueden divorciarse de sus esposas y permanecer en el liderazgo usando 1 Crónicas 16:22 como texto de prueba: "No toquéis a mis ungidos, ni hagáis mal a mis profetas". Este es un abuso de gracia al más alto nivel y una torsión de las Escrituras. Debemos perdonar, pero la reincorporación plantea varias preguntas.

En nuestro entusiasmo por defender el Espíritu Santo, a veces corremos el riesgo de defender el comportamiento incorrecto. Uno puede subir a la cima debido a la habilidad, pero caer hacia abajo por la falta de carácter espiritual. A lo largo del Antiguo Testamento, Dios le dio a las personas la oportunidad de ser líderes, pero fue sus carácteres y sus humildad, no sus posiciónes, lo que determinó sus resultados.

Para contrarrestar esta crítica, algunos de los seguidores de este movimiento dicen que aquellos que se oponen a ellos sufrirán el juicio de Dios cuando en realidad, son aquellos que se niegan la oferta de salvación de Dios que sufrirá juicio. Una persona no es juzgada por buscar discernimiento - son juzgados por rechazar la verdad (ver Romanos 1:18).

Lo Que Buscas Lo Encuentraras

Aunque algunos cristianos bien intencionados están ansiosos por escuchar a Dios, muchos buscan señales y maravillas en lugar de buscarlo. Podemos volvernos inestables, confundidos y engañados cuando la espiritualidad depende solo de señales, maravillas y manifestaciones. En cambio, "busca primero el reino de Dios y su justicia" y todo lo demás caerá en su lugar (Mateo 6:33).

Por favor entiendan, no es mi intención pintar movimientos "orientados a la experiencia" con un pincel amplio - Dios quiere que lo experimentemos a El. La presencia y el poder del Espíritu Santo pueden provocar sentimientos abrumadores, y con razón. Cuando la verdad penetra en el corazón, la excitación, la pasión y el entusiasmo a siempre siguen. Como se dijo anteriormente, estas emociones pueden ser buenas y dadas por Dios. Mi meta no es limitar los dones, el poder y la presencia del Espíritu, sino buscar el equilibrio y el discernimiento.

Una de las razones por las que las personas abarcan experiencias no bíblicas es porque no están en la Palabra buscando equilibrio, confirmación y discernimiento. En pocas palabras, si no estamos en la Palabra, la Palabra no estará en nosotros. Podemos ser fácilmente engañados. Buscar la realización espiritual no está mal, pero dónde buscamos puede estar. El hambre espiritual es buena, pero podemos estar tan hambrientos espiritualmente que consumiremos cualquier cosa. La ansiedad por consumir puede llevar a la experiencia movimientos orientados sin base bíblica, especialmente cuando comenzamos a buscar experiencias para validar la verdad. Dios está obrando si "sentimos" algo o no.

Ingerir el Espíritu Santo

Algunos de los eventos donde ocurren rarezas pueden alimentar deseos pecaminosos en lugar de desafiarlos. Por supuesto, algunas personas que asisten a estos eventos están realmente buscando a Dios. No estoy minimizando eso; los aplaudo por buscar, pero el evangelio de "señales y prodigios" no es el verdadero evangelio. Tampoco es el "evangelio de la prosperidad" el verdadero evangelio. Dios puede prosperarnos, y los milagros suceden, pero estos son secundarios - Cristo es primario.

Muchas personas piadosas no experimentan una gran prosperidad, lo que puede ser una bendición porque las riquezas nos puede alejar de Dios. El milagro más grande es que Dios nos salvó y ahora nos llama a ayudar a otros. Por supuesto, los cristianos pueden parecer extraños a la cultura, y Dios no es predecible, pero esto no es a lo que me refiero. En cambio, me refiero a sucesos extraños como personas que aparecen borrachas en el púlpito, "tomando" el Espíritu Santo, actuando como animales y gritando como si estuvieran en llamas. ¿Podemos creer honestamente que Jesús, Pedro y Pablo respaldarían o, peor aún, participarían en un comportamiento tan extraño?

El apóstol Pablo nos adverte contra el comportamiento confuso e inmaduro que compromete el evangelio. La falsedad y la confusión muchas veces van de la mano. Pablo muchas veces también corrigió errores en sus epístolas, y en 1 Corintios 14:40 concluye: "Hágase todas las cosas decentemente y en orden". En lugar de apagar y afligir al Espíritu, Pablo está suplicando por una acción sana, decencia y orden dentro de la iglesia cuando sea posible (como el estándar). Según 1 Timoteo 3:14-15, la iglesia debe ser "la columna y el fundamento de la verdad".

Ser Controversial No Es Necesariamente Mal

Hay incidentes de comportamiento extraño en la Biblia, como el hombre del país de los Gadarenos que estaba poseído, pero después de conocer a Jesús, estaba "sentado a los pies de Jesús, vestido y en su sano juicio" (Lucas 8:35). También tenemos un relato de un hombre que trajo a su hijo poseído a Jesús: "Y como todavía venía, el demonio lo derribó y lo convulsionó. Entonces Jesús reprendió al espíritu inmundo, sanó al niño y lo devolvió a su padre" (Lucas 9:42). En estos casos, un comportamiento muy extraño es el resultado de personas que necesitan a Cristo. Su presencia y liberación traen paz y orden.

Como estudiante de avivamientos, entiendo que ser "controversial" no es necesariamente algo malo. Una vez más, Dios no es predecible, y las cosas extrañas pueden suceder cuando una persona pecadora es vencida por el poder de Dios.

Mientras leía "Las Revistas de George Whitefield, the Welsh Revivals, y los relatos de primera mano del Primer Gran Despertar en América", descubrí que las palabras del pastor Jonathan Edward eran ciertas. El observó que la obra del Espíritu Santo sería evidente porque:

1) eleva la verdad

2) exalta a Cristo

3) opone a satanás

4) señala a la gente las Escrituras y

5) el resultado de amor a Dios y a los demás.

El enfoque de Edwards y muchos más estaban en predicar la totalidad de la Palabra de Dios, llamar al pecado y corregir el error: se buscaba la santidad, no la histeria. El resultado fue un fruto genuino, no un fanatismo impío.

No Todo Lo Que Se Hace En El Nombre De Dios Lleva Su Aprobación

Algunos sugieren que la batalla de hoy no es tanto contra los liberales en la iglesia, sino contra aquellos que "no están abiertos" a nuevas profecías y visiones, aquellos que "religiosamente se aferran solo a la Palabra escrita".

Esta declaración me concierne porque puede usarse para promover cualquier cosa hecha en el nombre del Señor. Por supuesto, Hechos 2:17 es relevante para nosotros hoy: "Y acontecerá en los últimos días, dice Dios, que derramaré de Mi Espíritu sobre toda carne; tus hijos y tus hijas profetizarán, tus jóvenes verán visiones, tus ancianos soñarán sueños". Pero esta Escritura es equilibrada por 1 Juan 4:1, "Amados, no creáis a todo espíritu, sino probad los espíritus, si son de Dios; porque muchos falsos profetas han salido al mundo". No todo lo que se hace en el nombre de Dios lleva su aprobación.

Incluso un Reloj Roto Es Correcto Dos Veces al Día

Un "profeta", como se menciona en la Biblia, puede ser cualquier persona en una posición de autoridad espiritual o que dice ser. No deben ser elevados ni idolatrados. Seguimos a Cristo, no a los hombres. Los falsos maestros no están ostentosamente vestidos de rojo, armados con horcas. Muchas veces se ven creíbles y hablan convencidamente; sin embargo, traen enseñanzas destructivas a la iglesia. Tienden a evitar verdades difíciles como el pecado, el juicio y el arrepentimiento, y se enfocan en lo que las personas quieren escuchar en lugar de lo que necesitan escuchar. Los falsos maestros proporcionan capas de verdad mezcladas con el error, pero incluso un reloj roto es correcto dos veces al día.

Hoy, cuando se habla la verdad de la Palabra de Dios, las personas muchas veces se ofenden porque han sido condicionadas a escuchar mensajes para sentirse bien que hacen poco al llamar al pecado. Como resultado, las iglesias están llenas de personas cuyos estilos de vida reflejan pocos cambios. William Still lo dijo bien: "Muchos, que por primera vez están bajo el sonido de la predicación del Espíritu Santo, están mortalmente ofendidos... porque nunca han estado expuestos a la luz blanca del Espíritu".

La sabiduría requiere que examinemos lo que se busca y enseña, es decir, ¿cuál es el enfoque? El arrepentimiento, la santidad, la obediencia y la pureza deben ser primordiales en lugar de la jactancia, las bendiciones, la abundancia y la prosperidad.

Jesús advierte: "Guardaos de los falsos profetas, que vienen a vosotros vestidos de ovejas, pero por dentro son lobos rapaces" (Mateo 7:15). Hay falsos maestros dentro de la iglesia. Se nos anima a orar por sabiduría y discernimiento. Las "palabras del Señor" no deben reemplazar a la Biblia, sino confirmarla. La profecía no implica la enseñanza bíblica autorizada, y no hablar palabras de Dios que son iguales a las Escrituras, sino más bien informar algo que Dios espontáneamente trae a la mente.

Nos aferramos religiosamente a la Palabra escrita porque es nuestra guía - para probar lo que se dice: "Los espíritus de los profetas están sujetos a los profetas" (1 Corintios 14:32). El orador debe tener cuidado ya que sus palabras deben estar bajo, o sujetas a, la Palabra de Dios. Si aquellos que miran a la Palabra son acusados de apagar y afligir al Espíritu, se nos recuerda que Jesús usó la Palabra de Dios para la finalidad, el discernimiento y el poder.

¿Y Si un Profeta Esta Equivocado?

¿Puede una persona tener el don de la profecía todavía cometer un error, en cuyo caso se requiere una disculpa "contrita"? ¿Qué vamos a decir a esto? El fiasco de la profecía durante las elecciones de 2020 es uno de esos ejemplos. Pero no creo que podamos hacer una declaración general, ni debemos dejar que las opiniones influyan en nuestro pensamiento.

Por ejemplo, conozco a personas muy piadosas con el don de la profecía. Han sido tan precisos que solo Dios pudo haber revelado la información que transmitieron. Pero ha habido algunas veces en las que estas mismas personas me dijeron cosas que no sucedieron. ¿Son falsos profetas?

En la Biblia, es muy claro que los falsos profetas engañan intencionalmente a las personas. Judas 4 dice que "ciertas personas han sido inadvertido por mucho tiempo en cual fueron designados para esta condenación, personas impías, que pervierten la gracia de nuestro Dios en sensualidad y niegan a nuestro único Maestro y Señor, Jesucristo" (ESV). Las personas mencionadas anteriormente, sin embargo, aman al Señor, pero permiten que la emoción y el deseo personal guíen sus palabras. Algunos se vuelven demasiado confiados debido a la precisión pasada.

No considero a estas personas falsos profetas. Su error fue que no llevaron su "palabra" al Señor y pidieron confirmación. Reaccionaron por impulso en lugar de recibir una verdadera carga del Señor, al igual que el profeta Natán, quien le dijo al rey David: "Ve, haz todo lo que está en tu corazón, porque el Señor está contigo" (2 Samuel 7: 3). Fue una buena idea para David construir el templo, pero no fue una idea de Dios. Dios corrigió a Natán y le dijo que David no debía construirle una casa.

Un falso proclamador de la verdad de Dios es muy diferente a la piadosa Señorita Marth (no es su nombre real) que ama al Señor y tiene el don de la profecía, pero lo perdió debido a su deseo de liderazgo piadoso (como en el caso de la reelección de Trump, por ejemplo). Por supuesto, si la señorita Marth sigue "perdiéndolo", es posible que tengamos un problema en nuestras manos, pero no necesariamente un falso profeta. En este caso, ella necesita tomar una temporada y no ejercer este don y, en cambio, buscar a Dios por sabiduría y discernimiento. También agregaría que las personas no deben ser rápidas para ejercer este regalo. Debe ser una carga que Dios pone sobre ti que puede ser probada y pesada por otros.

Un Ejemplo Del Don De La Profecía

Una verdadera palabra profética es específica y habla de un tema particular tú vida. Siempre se alineará con la Escritura y la sabiduría de Dios y nunca tomará el lugar de la Palabra de Dios.

Nunca olvidaré una noche en 2003 cuando mi esposa y yo estábamos visitando una iglesia.

Estaba cavando zanjas y trabajando duro en la industria de la construcción después de regresar al Señor unos años antes. Cada día, cuando estudiaba la Palabra de Dios, seguía sintiendo mensajes poderosos y audaces que surgían en mi espíritu. En un momento dado, incluso le dije a mi esposa: "Estos mensajes son muy intrépidos. La gente va a pensar que soy arrogante si digo estas cosas".

Sabía que Dios me estaba llamando a predicar, pero seguí retrocediendome debido a lo que le mencioné a mi esposa. Fue un punto de inflexión crucial: ¿me convertiría en un predicador o un orador motivacional?

Aproximadamente doscientas personas estuvieron presentes en el servicio. El hombre que fue el orador invitado esa noche habló completamente de este tema, diciendo: "Dios te está dando audacia; no es arrogancia" (escúchalo aquí). Fue un cambio de vida y justo lo que necesitaba para seguir adelante. Me ha motivado innumerables veces a predicar audazmente frente a la adversidad. Por eso se llama regalo. El Espíritu nos ayuda a discernir la voluntad de Dios y confirmar su llamado en nuestra vida.

Otro momento, años más después, fue cuando realmente estaba luchando con decir algunas cosas difíciles esa mañana. Estaba en la adoración de la mañana a las 6 a.m., pero realmente estaba luchando. Mientras yo rezaba, seguí diciéndole a Dios que no puedo decir esas cosas porque no sé si soy Él o yo. Necesito confirmación. En un minuto, una mujer mayor muy piadosa llamada Maryland estaba arrodillada en el altar. Ella se levantó y caminó directamente hacia mí y me dijo: "Di todo lo que Dios pone en tu corazón, no retengas nada".

¿Son estos incidentes, y muchos más, simplemente coincidencia? de ninguna manera.

Una Última Palabra para Aquellos Engañadores

Un falso profeta intencionalmente engaña a las personas al influir en ellas para que actúen de una manera contraria a la Palabra de Dios. Tampoco se disculpan cuando están equivocados. Por supuesto, incluso los falsos profetas a veces se disculpan para enmascarar su error, pero la disculpa es más una excusa ("Esto es lo que realmente quise decir"). Los falsos profetas son muchas de las veces extravagantes pero carecen de carácter piadoso. Por lo general, incluyen el título de profeta o apóstol en su tarjeta de visita. Son lobos vestidos de ovejas, y a menudo se enfocan en ganar dinero.

¿Has estado manipulando, conjurando o falsamente malinterpretando la obra del Espíritu? No vivas tu vida con un signo de interrogación aquí. Aquellos que son verdaderamente salvos quieren proteger y honrar la obra del Espíritu. No pierdas ni un minuto viviendo así. Tómese el tiempo ahora y arrepiéntase. Dios rasgará los cielos y te llenará con Su Espíritu.

5
EL AVIVAMIENTO TE COSTARÁ

Jesús les dijo: "¿Pueden llorar los amigos del novio mientras el novio esté con ellos? Pero llegarán días en que el novio les será quitado, y entonces ayunarán. — Mateo 9:15

Hase unas decadas, Gordon Cove desafió a los lectores cuando escribió: "No has buscado al Señor con "todo tu corazón" hasta que hayas probado una temporada prolongada de oración y ayuno". ¿Podría la falta de oración y ayuno ser uno de los obstáculos para un despertar espiritual? ¡Absolutamente! Tiempos desesperados requieren medidas desesperadas. Un estómago lleno hace que buscar a Dios sea difícil, la oración difícil y la adoración desafiante.

Cove continua, "En muchos casos, donde el ayuno se ha añadido a las oraciones, junto con la profunda consagración y el llanto ante Dios, la respuesta ha llegado milagrosamente a la mano".

El ayuno no tuerce el brazo de Dios, pero dobla mi rodilla. El ayuno no es un trabajo; es intercambiar un apetito por uno mayor.

La Chispa Que Enciende La Llama

Mi objetivo no es enfatizar demasiado el ayuno, pero está claro que el ayuno ha caído en el camino y el Rey Estómago todavía está en el trono. Al leer acerca de las renovaciones espirituales bajo la predicación de John Wycliffe, William Tyndale, Duncan Campbell, Evan Roberts y los puritanos, así como aquellos en el Primer y Segundo Gran Despertar, he encontrado que, junto con mantener la Palabra de Dios al frente y al centro, la oración intensa y el ayuno vigoroso fueron las chispas que encendieron la llama. Dios escuchó el clamor de sus hijos. El ayuno tiene más que ver con la desesperación que con la disciplina.

Por supuesto, de la misma manera que no podemos producir un campo de maíz haciéndolo llover, un despertar espiritual no puede ser orquestado. Es solo la obra de Dios, pero podemos preparar el suelo de nuestro corazón entregando completamente nuestras vidas. Dios revive a los que se someten a Él con las manos abiertas y vacías (Isaías 57:15).

Jesús dijo que cuando Él es llevado, Sus discípulos ayunarían - note que Él dijo, "cuando ayunas", no "si ayunas" en (Mateo 9:15; véase también 6:16). Las excusas van desde: "No es para nosotros hoy" y el infame "Simplemente no estoy condenado por ayunar" hasta mi favorito personal: "El ayuno es legalismo". Leonard Ravenhill fue famoso por decir: "Las cosas en la Biblia que no nos gustan las llamamos legalismo", y eso definitivamente se aplica a las excusas sobre el ayuno.

A. W. Pink, en El espigueo de Joshua, dijo: "Sería realmente extraño si aprehendiéramos cómo que por un lado Canaán era un regalo gratuito para Israel, al que entraron solo por gracia; y por el otro, ¡que tenían que luchar por cada centímetro de él!" Aunque somos totalmente dependientes de Dios, un despertar espiritual no vendrá sin luchar.

En el libro de Joel, las provisiones del pueblo se habían secado y se habían marchitado. Estaban desesperados y abatidos, pero Dios no se dio por vencidos con ellos. Para mostrar la magnitud de su pecado y la necesidad de humildad, Dios le dijo a Joel que consagrara un ayuno y clamara a Él. El clamor, el ayuno y el arrepentimiento fueron las chispas que encendieron la llama (Joel 1:4-14; 2:12-17).

Tan Cerca, Sin Embargo Tan Lejos

Muchas personas dicen que desean un despertar espiritual, pero cuando realmente sucede, muchos son los primeros en criticarlo. Un despertar espiritual, especialmente en un entorno corporativo, afecta profundamente las emociones porque el pecado sale a la superficie y las deficiencias espirituales están brutalmente expuestas. A menos que el corazón de una persona sea tierno y flexible, no les gustan las cosas que les suceden. Como resultado, desarrollan un corazón duro a los movimientos profundos del Espíritu. Si tuviera un dólar para todos los que dejaron la iglesia porque la adoración era demasiado emocional y convincente, tendría un buen fondo para sobornos.

Te estoy disparando directamente: los mayores críticos de este libro serán aquellos que más necesitan escucharlo. Les gusta la sección sobre falsos profetas: "¡Ve por ellos, Shane!" Pero se desconectarán del resto porque no están en sintonía con el Espíritu. Prefieren ser estoicos, desapasionados e inmóviles. Debido a que la doctrina del Espíritu Santo expone su complacencia y falta de fervor espiritual y fuego, prefieren hablar solo del Padre, el Hijo y la Santa Palabra. Qué verdaderamente triste es, como un hombre que muere de sed en un bote en un hermoso lago pero demasiado asustado para saltar. Son estériles, secos y sedientos pero tan cerca del agua viva.

¿Realmente Quieres que Dios Rasgue los Cielos?

He publicado estos párrafos finales un par de veces a lo largo de los años. La relevancia es tan importante que me gustaría compartirla con aquellos que nunca la hayan leído:

Hace casi una década, oré: "Señor, trae avivamiento a las iglesias", pero no estaba listo para la respuesta que siguió. Después de orar, era casi como si Dios estuviera diciendo:

Tu no quieres avivamiento, arruinará tu horario, tu dignidad, tu imagen y tu reputación como una persona que está "bien equilibrada". Los hombres llorarán durante toda la congregación. Las mujeres gemirán a causa del trabajo de sus propias almas. Los adultos jóvenes llorarán como los niños por la magnitud de su pecado. Con la fuerza de Mi presencia, el equipo de adoración dejará de jugar. El tiempo parecerá detenerse. No podrás predicar debido a las emociones que inundan tu propia alma. Lucharás por encontrar palabras, pero solo encontrarás lágrimas. Incluso los más dignos y reservados entre ustedes serán quebrantados y humillados como niños. Los orgullosos y santurrones no podrán estar en Mi presencia. El escéptico e incrédulo correrá por miedo o caerá de rodillas y me adorará - no puede haber término medio. La iglesia nunca volverá a ser la misma.

¿Realmente quieres un avivamiento? Te costará. El avivamiento Nacional comienza con el avivamiento personal. Debemos mirarnos en el espejo, arrepentirnos y volvernos completamente hacia Dios. Tómate tiempo ahora, y abarca plenamente Sus promesas: "Volved a Mí, y Yo volveré a vosotros. Si me buscas, me encontrarás. Si tienes hambre, estarás lleno. Si tienes sed, quedarás satisfecho".

Pensamos que estamos esperando en Dios, pero muchas veces, es Él que nos está esperando.

Esta sección fue extraída de mi artículo "¿Pagarás el precio de un Despertar Nacional?" Shane Idleman

OTROS LIBROS DE SHANE IDLEMAN

1. 40 días para restablecer su vida: Ya sea un reinicio global, un reinicio financiero o un restablecimiento de salud, está claro que estamos intrigados por comenzar de nuevo. América está muriendo espiritualmente. Basta con mirar las opciones de los medios que llenan nuestros hogares, la perversión sexual que está corriendo desenfrenada, el desdén por Dios y la legislación catastrófica que está gobernando nuestra nación. ¿Realmente pensamos que podemos inundar nuestros hogares con pecado, satisfacer a los dioses del alcohol, la lujuria y la adicción, burlarnos de la Palabra de Dios y esperar Sus bendiciones? No. . Necesitamos un reinicio espiritual. Aunque este libro se centra principalmente en la salud espiritual, no debemos pasar por alto la salud física. Muchas personas pasan la última década o dos de sus vidas muriendo en lugar de vivir, confinadas en hogares, frecuentando hospitales y dependiendo de otros. Tarde o temprano, las malas decisiones de salud nos alcanzan. Es hora de un reinicio físico también.

2. Un festín y ayuno: Cuando el cuerpo descansa y se le permite sanar, muchos llaman milagrosos a los resultados, pero así es como Dios nos creó. El ayuno no solo crea un ambiente de salud y curación, sino que, lo que es más importante, facilita el crecimiento espiritual. También hay enlaces de descarga gratuitos disponibles en algunas de las plataformas.

3. AYUDA! Estoy adicto: Estamos en la cruces de caminos: el abuso de opioides y alcohol están dejando un camino de destrucción en su estela. La pornografía está profanando familias. La obesidad se está disparando y afectando a millones, incluso ha alcanzado niveles epidémicos en los niños. El cáncer y las enfermedades del corazón son los asesinos número uno en América. Y así sucesivamente, pasa de la nicotina a la cafeína a los alimentos; como sociedad, estamos fuera de control. ¿Pero hay respuestas? Sí, hay, si una vez más ponemos nuestros sitios en la verdad de Dios.

4. *Si mi Pueblo:* Tituols sin esperanza domina el ciclo de noticias, y se llama guerra psicológica, y el objetivo es elevar el estrés hasta el punto de agotamiento y luego alimentar el miedo para que la gente pierda la esperanza. Para ganar esta batalla (la batalla de la mente), los cristianos deben saturar sus mentes en la Palabra y los caminos de Dios. El nuevo libro del Pastor Shane, Si Mi Pueblo, es un clamor para que nos volvamos a Dios, busquemos Su rostro y recibamos las bendiciones que Él promete a aquellos que se humillarán.

5. *Desesperado por más de Dios:* Una de las mayores alegrías asociadas con el pastoreo es ver a otros llenos del Espíritu de Dios: "Me buscarás y me encontrarás cuando me busques de todo corazón" (Jeremías 29:13). Esto es lo que estoy tratando de hacer en este libro - para avivar las llamas de la pasión hacia Dios.

6. *Una nación arriba de Dios:* "Lo que América es y ha sido fue el resultado de generaciones anteriores; todo en lo que se convertirá depende de la generación en ascenso. Shane entiende completamente esto y ha proporcionado a nuestra próxima generación de líderes comprensión de los principios que mantendrán a América grande. Este libro puede ayudar a asegurar el futuro de América como "una nación bajo Dios". David Barton, Presidente y Fundador, WallBuilders, Aledo, Texas.

7. *Respuestas para una Iglesia Confundida:* Shane Idleman toca una campana de clarín para la iglesia de hoy, llamándola a su deber principal, proclamar la verdad en el poder del Espíritu Santo. La iglesia no está llamada a hacer que el Evangelio sea aceptable, sino a dejarlo claro. Eso es predicar la verdad. Shane da un claro recordatorio al Movimiento de la Iglesia Emergente". Alex Montoya Profesor Asociado de Ministerios Pastorales, Seminario de Maestría en Sun Valley, California.

8. Que funciona para hombres: Ya sea soltero, casado o divorciado, todos hemos cometido errores y probablemente no hayamos cumplido con nuestras esperanzas y expectativas. La Palabra de Dios proporciona dirección y aliento a través de desafíos y decisiones difíciles; por lo tanto, una gran parte de Lo que funciona para los hombres se basa en principios bíblicos y tiene la intención de inspirar y motivar.

9. Lo que funciona para los jóvenes: "¡Siéntate, abróchate el cinturón y agárrate! Este es uno de los mejores recursos para adultos jóvenes en la industria editorial actual". Tim Wildmon, Asociación Americana de Familias.

10. Qué funciona para solteros: Este recurso ayudará a aquellos que son solteros y buscan casarse en el futuro, así como aquellos que han experimentado las dolorosas realidades del divorcio.

11. Qué funciona cuando las "dietas" no: Aprende qué funciona, qué no, y por qué cuando se trata de perder peso y mantenerlo. Este libro aborda la pérdida de peso desde una perspectiva bíblica y ofrece esperanza y aliento. Las dietas no funcionan, pero los cambios en el estilo de vida sí.